MANIFESTE

D'UN MINISTÈRE

DU

GOUVERNEMENT DE JUILLET, EN 1837.

MANIFESTE

D'UN MINISTÈRE

DU

GOUVERNEMENT DE JUILLET EN 1837,

OU

ESQUISSE D'UNE RÉPONSE MINISTÉRIELLE

AU DISCOURS DE M. THIERS

SUR LA QUESTION D'ESPAGNE.

> Une immense majorité dans le pays
> et dans les chambres est au ministère
> qui s'emparera d'une telle position.

PARIS.

IMPRIMERIE DE PAUL DUPONT ET Cie,

Rue de Grenelle-Saint-Honoré, n° 55.

1837

AVANT-PROPOS.

Il ne faut pas se le dissimuler, notre œuvre de juillet en est à ses plus grandes difficultés ; elle en est aussi au plus grand danger qui puisse s'élever devant elle ; tout a concouru à l'accroître, ses amis comme ses ennemis.

Parmi les premiers, ceux qui pouvaient faire le plus pour elle en ont perdu de vue l'origine et le but. Les uns n'ont semblé la comprendre qu'en présence de l'émeute ; là leur instinct les a merveilleusement servis, ou plutôt ils ont été entraînés par la classe entière qui combattait pour ses foyers où elle se sentait directement attaquée ; là ils ont organisé la force des véritables vainqueurs de juillet ; mais pour le combat seulement ; là, et ailleurs, tout est à faire pour la paix.

Les 20 ou 24 millions de Français de la classe moyenne, dont les intérêts analogues et sympathiques ont précisément produit cet admirable concours de l'esprit d'ordre et de liberté, d'égalité et de justice ; qui a renversé un trône pour en relever à l'instant même un autre, qui a soufflé une révolution analogue en Belgique, qui nous a donné l'Angleterre pour alliée, qui a retenu l'Europe dans ses positions, qui a rendu la vie aux constitutions du Portugal et de l'Espagne ; ces 20 ou 24 millions de Français si heureusement, si puissamment prédisposés pour donner force et pouvoir à qui lui donnerait vie et sécurité, ou on les a oubliés ou on les a redoutés. Tel premier ministre qui se dit l'homme de juillet, par droit de naissance et de conquête, a passé six années au pouvoir sans organiser ce nouveau et puissant levier de la politique française ; et lorsque tant d'alliés, de cœur et d'intérêts, s'étaient spontanément donnés à la France par le seul fait de sa révolution de juillet et de sa royauté nationale, il a dû quitter le pouvoir pour avoir demandé en vain à la politique de Louis XIV et de Napoléon *des alliances diplomatiques* comme on en obtenait de leur temps.

Ses collègues y restent, et celui d'entre eux qu'on supposait enclin à faire rétrograder une révolution de progrès a du moins prononcé ce mot puissant d'*appui moral* de la France, nécessairement inspiré par le sentiment véritable de son actualité et de son avenir : *appui moral* pourtant qui ne doit pas être seulement un mot, et sur lequel il ne faut pas que la France ni l'Europe puissent se méprendre, mais que la France et l'Europe doivent comprendre et sentir dans tous les mouvemens et dans tous les actes de leur vie politique. Appui moral qui doit être, parce qu'il est, et parce qu'en juillet, nous le répétons, où la France et l'Europe comprirent parfaitement ce qu'il y avait d'élémens de conservation et de force, dans une révolution que la justice avaitfaite et qui s'arrêtait dans l'ordre et la paix.

Du côté de l'opposition, l'erreur a été plus profonde encore. L'opposition a prétendu se poser comme l'organe le plus énergique et le plus vrai de la révolution de juillet, et elle a attaqué, sapé son propre ouvrage, comme si elle avait encore devant elle le trône du droit divin et de l'étranger. La charte acceptée par notre royauté nationale, elle l'a considérée et souvent combattue comme la charte octroyée, comme la capitulation de 1814.

Tel est le perpétuel malentendu dans lequel nous sommes restés, et nous marchons encore depuis six ans; à cela près cependant que la charte de 1830 a fait tout ce qu'elle pouvait faire de son propre mouvement et dans sa véritable sphère, selon sa nature et son esprit, par le seul fait des lois qu'elle avait promises, et qui ont en effet contribué à faire avancer l'œuvre vers le but qu'elle s'était proposé.

Telles sont les lois sur l'instruction primaire et sur l'organisation des conseils électifs de départemens.

Mais cette œuvre imparfaite, incessamment battue par une opposition qui se trompe, avec le même langage et les mêmes actes qui lui donnèrent raison en 1830, a produit les résultats suivans :

20 ou 24 millions de Français qui croyaient avoir fondé une royauté et un gouvernement à eux en 1830, que le lien commun de la propriété tend à tenir unis, et qui sont prêts maintenant à se diviser pourtant : les uns, éclairés et convaincus, pour prêter toute leur force à ce gouvernement dans lequel ils ont toujours foi et hors duquel d'ailleurs ils n'aperçoivent que la désorganisation et l'abîme ; les autres, ébranlés, hésitans et s'offrant ainsi comme une proie aux séductions et aux intrigues de l'ambition et de l'esprit de parti ;

Une chambre des députés où l'élément conservateur domine, mais qui flotte sans direction et qui se divise en poltrons, prenant leurs sûretés contre une révolution nouvelle ; en ambitieux intriguant pour leur seul intérêt ou ceux de leurs commettans ; en hommes indépendans et consciencieux, mais incapables ou timides ; en hommes passionnés pour l'ordre et le pouvoir, mais divisés eux-mêmes en plusieurs nuances de la même opinion ;

Un corps électoral, enfin, où le même frac-
tionnement se fait remarquer ; mais où l'intérêt conservateur domine également, où le
besoin d'une administration habile et puissante se fait de plus en plus sentir.

Telle est la situation, elle ne saurait être
plus grave, non que la société française telle
qu'elle est si heureusement constituée doive
renoncer à obtenir enfin le gouvernement qui
lui est destiné, et à parcourir jusqu'au bout
l'ère indéfinie qu'elle s'est ouverte ; mais elle
peut être contrainte à reprendre son œuvre
à plusieurs fois, et à ajouter à ses longs sacrifices, à tant d'efforts douloureux, d'autres
efforts et d'autres sacrifices.

Que Dieu sauve le roi, et que le roi sauve
la France ! l'exercice de sa prérogative suffit.

A tant d'élémens qui se divisent faute d'un
lien qui les retienne et d'une volonté qui les
guide, il ne faut qu'un ministère uni, capable, ferme, bien résolu à rester dans des
voies constitutionnelles, à se dévouer complétement à l'administration du pays, et à résister
à tous les mouvemens, à toutes les influences
parlementaires qui n'auraient pas pour résultat de lui ôter tout moyen d'administration et
de gouvernement.

Les majorités législatives et le pays sont à un tel ministère.

Rien de plus gouvernable et de plus gouvernemental que la chambre actuelle, elle-même, quand elle se verra rendue à sa dignité et rigoureusement renfermée par conséquent dans sa part du pouvoir souverain.

Nous avons cherché à nous rendre compte de l'effet que produirait un manifeste ministériel de cette nature, s'il venait à retentir tout à coup dans la chambre élective à l'occasion d'une de ces questions vitales qui entraînent nécessairement l'examen rapide de la situation du pays et de la politique qui lui est applicable. Nous nous sommes reporté naturellement à cette immense question de l'intervention en Espagne, qui est bien de cette nature, et qui s'est offerte si heureusement au ministère du 6 septembre, à l'ouverture de cette session.

Rien ne fait comprendre un système et ne projette la lumière sur ses moyens d'exécution comme d'en essayer l'application à une situation donnée.

C'est ce qui explique la supposition d'un discours ministériel prononcé dans cette grave circonstance.

Qu'on n'y cherche ni l'élégance ni l'élévation du style. C'est tout au plus l'improvisation négligée, tout un système de politique opposé à celui qui vient d'être développé ; c'est une réponse immédiate au discours de M. Thiers. Elle fut écrite, en effet, dans la même soirée où l'ex-président du conseil occupa la tribune.

On jugera en quoi elle diffère, quant aux intentions et à la pensée, des réponses ministérielles qui furent faites au même discours. On verra aussi en quoi elles y ressemblent.

Le discours qu'on va lire, placé dans la bouche d'un membre dirigeant, aurait-il provoqué, quant aux idées et aux sentimens qu'il exprime, les sympathies du pays et entraîné la majorité dans les deux chambres ?

Nous le croyons.

La position à prendre est toujours la même, nous en sommes de plus en plus convaincu.

Une immense majorité dans le pays et dans les chambres est au ministère qui s'emparera d'une telle position.

MANIFESTE
D'UN MINISTÈRE
DU

GOUVERNEMENT DE JUILLET, EN 1837.

Résumons en peu de mots le discours auquel je veux répondre :

« La politique suivie à l'égard de l'Espagne est une politique carliste. C'est aux carlistes seuls qu'elle prête son appui moral. C'est tout au plus une politique craintive et vacillante. C'est certainement une politique étroite, mesquine. Ce n'est pas la politique qui dirigea subitement une armée française sur Anvers, dans un moment de véritable crise pour la révolution de juillet. Vous, que dirige une autre politique, si vous aviez pu faire alors prévaloir votre pensée, vous n'auriez pas été à Anvers.

« La véritable politique de la France à l'égard de l'Espagne a toujours dû reposer sur l'utilité possible de l'intervention, et j'ai toujours cru à cette utilité, depuis le ministère de Martinez de la Rosa particulièrement : aussi ai-je toujours voulu l'intervention. Ce n'est que par transaction avec ceux qui ne partageaient pas mon opinion dans le conseil que j'ai accepté la coopération. Si le mot n'est pas convenable, ce n'est pas moi qui l'ai inventé. L'intervention de la France dans les affaires d'Espagne est la vieille politique de la France; ce fut celle de Henri IV, de Louis XIV, de Napoléon. Le premier principe, en matière de gouvernement, est de se préparer à la guerre pendant la paix; le premier principe, en cas de guerre, est d'avoir ses derrières assurés. Point de guerre offensive ni défensive sur le Rhin pour la France, si elle n'est pas dans la plus complète sécurité sur les Pyrénées. La disposition actuelle des départemens du midi a rendu cette condition, de tous les temps, plus impérieuse que jamais. Imaginez l'effet de l'apparition d'un prétendant au trône de France sur les Pyrénées, montrant ses couleurs et trente mille Espagnols d'escorte à Marseille, Toulouse et Bordeaux, tandis qu'une attaque sérieuse menacerait Nice, Besançon, Strasbourg et Metz, et vous apprécierez dans quelle situation se trouverait la France.

« En résumé, et en trois points :

1° Nous sommes engagés;

2° Nous pouvons faire quelque chose en Espagne avec une petite armée et une faible dépense;

3° Nous avons un immense intérêt à intervenir en Espagne.

« Telles sont les bases de la véritable politique, de ma politique à moi du moins; c'est celle de l'homme pratique; c'est la seule qu'un jugement sûr et une pensée élevée puissent conseiller. C'est la mienne, et la vôtre n'y ressemble pas le moins du monde ; je vous l'abandonne, et je la combats. »

C'est bien là, ce nous semble, dans son résumé le plus exact, le plus énergique peut-être, le discours écouté trois heures durant par la chambre samedi dernier.

Eh bien ! j'en prends tout justement le contrepied sans aller cependant jusqu'à affirmer que ma politique à moi est la seule qu'un jugement sûr et une pensée élevée puissent conseiller. Celle-ci, je l'exposerai, et ceux qui m'écoutent la jugeront ; mais celle qu'on m'oppose, je la qualifie, sans hésiter, d'étroite et mesquine ; je ne l'appellerai pas vieille, mais surannée; j'ajouterai qu'elle est fausse en tous points, qu'elle est inapplicable à notre époque, qu'elle n'a pas le plus léger sentiment des faits actuels et des besoins de notre temps, qu'elle n'est que le fruit d'une étude laborieuse et digne d'éloge dans les archives du ministère des affaires étrangères ; qu'elle est, tout juste, le produit d'une de ces intelligences promptes mais limitées auxquelles une extrême facilité d'élocution peut bien prêter quelque éclat passager, et même brillanter assez pour que certains yeux s'y laissent prendre ; mais qu'elle n'a pas le moindre reflet de la pensée dominante ni du génie de notre époque; qu'elle est surtout complétement hétérogène avec le sentiment intime et générateur de notre révolution de juillet et de sa royauté nationale; qu'elle ne l'est pas davantage avec les idées de résistance, d'ordre, de conservation, qui ont inspiré la politi-

que préservatrice de notre digne Casimir Périer,
ni avec cette haute et grande politique de la paix
qu'on ne s'est oublié, constitutionnellement par-
lant, jusqu'à appeler royale qu'après avoir re-
connu qu'elle était nationale; que cette politique
qu'on nous oppose est la véritable politique
carliste, en effet, parce que c'est la politique
du vieux régime, des temps antérieurs, la politique du temps de Henri IV et du temps de
Louis XIV, comme on l'a dit, même celle de Napoléon, lorsqu'il crut un moment qu'il pouvait
être un Louis XIV grandi, et qu'il fit si bien les
affaires de l'absolutiste Ferdinand qu'il lui assura
dix-huit ans de règne, précisément en intervenant
en Espagne; qu'une telle politique est à la fois
ignorante de l'état des peuples de l'Europe, et de
la véritable situation des esprits en France et en
Espagne, qu'elle s'allie merveilleusement en conséquence à d'autres idées non moins surannées,
non moins rétrogrades en économie politique, et
d'un si grand poids néanmoins dans la politique elle-
même, comme celles de l'isolement commercial, de
la séparation douanique des peuples, en même temps
que la presse, la tribune, les canaux, les chemins
de fer, cependant, les rapprochent et les unissent
invinciblement; qu'elle s'accorde à merveille par
conséquent avec les temps où une armée défensive
comme offensive, en France, se recrutait par des
sergens parmi les oisifs de la place publique et des
cabarets, et où la guerre était allumée pour un droit
de préséance, par une gauche négociation ou par

la rupture d'un mariage de prince, ou par une patrouille égarée sur un territoire étranger, mais nullement à une époque où l'artillerie, le crédit, les idées, les tribunes, la presse, l'avancement ou l'arrivée prochaine des classes moyennes à la domination des affaires, ne veulent d'autres guerres possibles que des guerres nationales; dans un temps surtout où la France ne doit sérieusement s'engager et se battre que pour la défense de son indépendance et de ses institutions, et quand elle peut en conséquence mettre deux millions d'hommes sur pied; dans des temps où, pour toute autre question secondaire et indirectement rattachée à ses plus chers intérêts, il suffira toujours à la France d'être en mesure de disposer de cinquante mille hommes sur un point donné; dans un temps enfin où les véritables et bons alliés sont ceux qui ne tirent leur force que d'eux-mêmes, qui se sont en conséquence constitués, affermis, organisés dans leur vie gouvernementale sans le secours matériel d'aucune puissance étrangère; et qui n'ont pas consenti par conséquent à laisser tacher le drapeau de leur liberté d'un souvenir qui en ternirait pour toujours l'éclat, et en paralyserait la force; dans des temps enfin où, lorsqu'un peuple s'émancipe par un travail laborieux, et qui ressemble presque à un avortement moral, ce serait tout compromettre chez lui que d'employer les moyens violens à sa délivrance, tandis qu'en aidant seulement sa nature, et en laissant agir la force des choses, on est certain que la crise véritablement salutaire s'opérera, et qu'un seul résultat définitif, c'est-à-dire une organisation vivante et vivace sortira de l'enfantement.

Je viens de tracer l'ensemble de ma réponse. Je viens de montrer du doigt jusqu'à quel degré d'élévation et de profondeur je pousserai mes investigations dans les régions de notre politique extérieure et intérieure ; et comment je rentrerai dans la question spéciale dont s'occupe la chambre.

Dieu veuille prêter à ma pensée assez de force et de lucidité, ou provoquer la chambre à assez d'indulgence pour que mes convictions du moins soient comprises, et qu'elles ne paraissent manquer ni de raison ni de sincérité !

Je dirai alors en finissant quelle est la politique qui nous a paru applicable à l'égard de l'Espagne, dans la situation actuelle ; et la chambre jugera à laquelle des deux le pays doit son concours.

Messieurs, c'est de la véritable situation de l'Europe, de la France et de l'Espagne, depuis notre révolution de juillet ; c'est surtout d'une juste appréciation de l'appui moral de la France, de nos jours, et de l'exacte signification des secours matériels qu'elle prête et que nous entendons continuer à prêter à l'Espagne, que notre réponse au discours qui a si justement captivé votre attention doit tirer toute sa force et prendre toute sa portée. Nul ne saurait accorder plus d'importance que nous, en conséquence, à la question posée devant vous. Il s'agit de toute la politique du gouvernement de juillet, en effet, à l'extérieur comme à l'intérieur; de l'Europe entière dans ses rapports avec la France, et de la vie intime de la France à l'égard de l'Europe, et plus particulièrement de l'Espagne.

L'appui moral de la France, en effet, comporte ce vaste examen, et ne peut être véritablement apprécié que par lui. Nous le reconnaissons, et nous rendons grace à l'homme supérieur, à l'esprit ferme et logique auquel nous répondons, de nous avoir entraîné dans cette vaste arène. Ce sera non seulement la question de la session, ce sera celle du gouvernement de la monarchie de juillet.

Aussi bien est-il pressant que tous les doutes disparaissent, que tous les voiles se déchirent, et que la chambre et le pays sachent enfin à quelle pensée dominante et directrice ils entendent se rallier, comme celle qui a le mieux compris et doit le mieux conduire les destinées de la France, depuis que la révolution de juillet a fermé l'arène sanglante de ses révolutions de conquête, et ouvert l'ère immense de la classe moyenne par la royauté élue et la monarchie représentative.

Ce premier exposé de notre politique semblera présenter à bien du monde une politique nouvelle; mais que la majorité se rassure, ce sera toujours la politique du 11 octobre, la politique du 13 mars, la politique qui a sauvé la France, politique incomplète néanmoins, si, après avoir sauvé la France, si, après avoir préservé surtout cette immense classe moyenne, qui triomphait enfin par la révolution de juillet, des entraînemens de la démocratie, comme elle venait de se sauver elle-même de la dernière et audacieuse attaque du pouvoir absolu, elle n'embrassait à la fois le présent et l'avenir de cette admirable constitution de la société française, telle que l'ont faite cinquante années de révolution, et une révolution qui doit les couronner toutes, par son esprit de conservation et de progrès, si le pays et son gouvernement savent enfin se comprendre.

Voici l'Europe, la France et l'Espagne de nos jours:

Voyons la France d'abord, car depuis près d'un demi-siècle elle ne cesse d'agir par un travail intérieur, et par l'expansion au dehors, tantôt par la guerre, tantôt par la paix, mais toujours par sa vie sociale et ses progrès intellectuels sur l'Europe, sur le monde.

La France, depuis un demi-siècle, a entièrement changé de physionomie, de nature; elle est entrée dans l'âge viril, elle a complété son organisation sociale et nationale. Ce n'est plus sur un point ni dans quelques parties du corps social que se trouvent accumulées et circonscrites ses facultés, c'est partout qu'on les trouve, c'est de toutes les divisions, de toutes les parcelles de l'organisation qu'elles viennent et jaillissent.

Le chêne n'est plus émondé, mutilé; sa sève s'élève et circule en liberté, le tronc grossit incessamment, et d'innombrables rameaux en sortent verts et vigoureux, et portent au loin leur ombrage.

Ce n'est pas 89 seulement, ni la convention

avec 89, ni le directoire et l'empire avec 89 et la convention, qui ont produit et consolidé un tel résultat ; c'est encore moins la restauration, bien qu'elle en ait fait sa part; mais ce sont toutes ces époques à la fois, résumées et couronnées par la révolution de juillet.

Révolution admirable de force et de sagesse, mais révolution profonde et définitive, d'où une ère nouvelle doit dater, ère qui devait succéder à celles de la féodalité et de la royauté absolue, l'ère du gouvernement représentatif, de la monarchie constitutionnelle, l'ère de la classe moyenne; et quand je dis classe moyenne, je dis la classe qui participe à la fois de toutes les classes, et que toutes les classes tendent à former, comme la moyenne de toutes les quantités est le produit moyen de toutes ces quantités réunies.

Ère immense et sans limite pour la vue humaine, quelque ébranlement qu'elle puisse encore recevoir de l'incertitude des choses ou du caprice des hommes, et à laquelle il est éminemment sage et rationnel, par conséquent politique et nécessaire, de rattacher tous les liens de l'ordre social, dans toute l'étendue de la prévoyance humaine.

Grands propriétaires, industriels puissans, riches capitalistes, ne vous séparez pas de nous, car c'est votre repos, votre bien-être, votre influence que nous voulons et que nous défendons; si nos principes et notre politique succombent, c'est à l'abîme de la république ou à l'autre abîme d'une autre restauration que vous serez livrés.

Artistes , savans, poètes, orateurs, prêtres et ministres de la religion, soyez avec nous, car l'intelligence unie à la sagesse , ou le savoir à l'esprit de conduite sont nos maîtres et nos guides , car le spiritualisme dans l'ordre intellectuel et le devoir dans l'ordre moral sont notre religion et notre doctrine.

Petits propriétaires, cultivateurs, chefs d'ateliers, négocians, armateurs, vous tous Français qui, dans toutes les carrières, voulez travailler librement à votre bien-être , honorer votre nom, servir votre pays, et parvenir, si vous en avez les vertus et le talent ; aux plus hautes dignités de l'état et à la direction même des affaires du pays , aidez-nous, prêtez-nous concours et confiance, car c'est essentiellement pour vous que nos révolutions se sont faites, que nos pères ont tant souffert , et que la royauté de juillet, armée de l'ordre et de la liberté, est sortie d'un laborieux enfantement de quarante années.

Telle est en effet notre classe moyenne à nous.

Large et profonde base de notre édifice social, de nos institutions politiques , puissante garantie d'ordre et de repos qu'aucun autre peuple au monde n'a encore possédé, qui tend à se former et à s'établir chez les autres, et dont nous n'avons qu'à diriger la vie politique et morale, chez nous, afin que ses représentans dans les corps électoraux et dans la haute direction des affaires comprennent mieux de jour en jour et sachent mieux défendre ses véritables intérêts, son attachement surtout à un ordre de choses qui est sa conquête, et qui, en lui garantissant la possession de tous les biens loyalement et légalement acquis, lui a donné toute la liberté conciliable avec son bien-être et son repos.

Classe immense et presque unique en France, puisque tout ce qu'il y a d'hommes éclairés et sages au dessus et au dessous s'y est mêlé et en fait nécessairement partie, et que notre grande et belle garde nationale de Paris a toujours si énergiquement et si dignement représentée sur le champ de bataille, où toutes nos luttes politiques ont dû se décider. N'en doutez pas, Messieurs, c'est cette classe immense qui a fait la force des défenseurs armés de l'ordre et des lois pendant et après la révolution de juillet. Elle n'avait pas encore ses masses et ses intérêts conservateurs sous la convention, elle ne sentait point encore assez sa force sous le directoire et sous l'empire ; c'est la restauration qui la lui a révélée en lui rendant en même temps l'immense service de bien la convaincre que c'était dans les seules limites de l'ordre et du droit qu'elle pouvait être forte et prépondérante. Oui, Messieurs, tel est le grand corps de réserve en France, de ces puissans soutiens de l'ordre et des lois qui ont entouré le gouvernement de juillet dans ses luttes avec l'anarchie et la sédition, de cette digne et glorieuse milice qui, hélas ! comme en 95, n'eût été que la section des Filles-St.-Thomas, si, comme alors, les prolétaires de l'ancien régime n'eussent pas encore achevé leur transformation, si, comme alors, la classe moyenne n'eût pas encore existé en France.

Par tout ce que nous lui devons, Messieurs, par tout ce que nous en attendons, vous pouvez juger ce que nous sommes disposés à faire par elle.

Cette classe moyenne, ne l'oublions pas, Messieurs, est le grand fait commencé en 89, se développant sous la république, sous l'empire, sous la restauration surtout ; mais complet seulement, mais consacré seulement et passé dans nos lois par notre révolution et notre charte de 1830.

Cette classe moyenne repousse avec une égale fermeté la légitimité et la république ; la légitimité par l'égalité, la république par l'intelligence ; dans l'une elle combat l'aristocratie de la naissance, dans l'autre l'aristocratie de l'ignorance. Elle dit à la légitimité : Votre droit n'est pas le nôtre ; à la république : Votre intérêt n'est pas le nôtre. Elle a dit encore à celle-ci : En fait de liberté, vous n'avez rien de neuf à nous apprendre et que nous n'ayons déjà, ou que nous ne puissions obtenir avec notre royauté constitutionnelle. Nous ne pouvons avoir du nouveau par vous, que par la destruction ou l'affaiblissement du droit de propriété.

N'est-ce donc rien qu'une telle situation de la France, quand tout est accompli par elle, et que tout encore est imminent et à faire pour l'Europe? Et de ce seul point de vue, tout ne change-t-il pas, tout ne doit-il pas changer ?

Est-ce bien l'Espagne et l'Allemagne, l'Angleterre et l'Italie du XVIe, du XVIIe, du XVIIIe siècle même qui nous entourent et nous pressent? Est-ce bien la politique de ces temps passés qu'il faut appliquer au temps présent ?

Voyons l'Europe, voyons l'Espagne, maintenant.

Nous reviendrons à la France après. Nous mesurerons de cette hauteur Don Carlos et son armée sur les Pyrénées, sur l'Ebre, à Madrid.

L'Europe ?

Mais l'Europe, Messieurs, est forcément engagée dans la cause de notre royauté de juillet. Elle nous sait invincibles si nous ne l'attaquons pas par les armes, et notre paix intérieure garantit seule son repos.

L'esprit français la domine, ou la préoccupe, ou l'inquiète ; l'esprit français dont la paix est à la fois le plus utile auxiliaire et le plus puissant modérateur. Car si on nous respecte, sa flamme est douce et facile à diriger ; si on nous attaque, il est incendiaire.

Aussi, Messieurs, le progrès est-il partout en Europe. C'est par l'administration qu'il se fait jour, quand ce n'est pas par les institutions ; l'esprit de liberté et d'égalité est même fortement représenté chez chacune des principales puissances du Nord : en Autriche par l'Italie, en Russie par la Pologne, en Prusse par les provinces Rhénanes.

L'imprimerie, la poudre à canon, les tribunes, ont changé la face du monde. Les grandes armées et le crédit décident seuls du sort des nations. Plus de guerres sérieuses par conséquent que les guerres populaires.

La France, surtout, organisée socialement et politiquement, comme nous venons de le voir, n'en a pas à craindre d'autres.

Bien décidée à respecter ses voisins, à chercher toute sa grandeur, toute sa force en elle-même, à n'engager par conséquent son argent et ses hommes que dans les questions essentiellement françaises.

Voilà l'Europe, Messieurs, voilà l'Europe et la France, si vous me permettez de vous épargner de plus grands développemens.

Mais par quelle politique intérieure entendez-vous favoriser la conservation et le progrès de ces puissans élémens de vie, de force, d'illustrations que nous reconnaissons avec vous à la France ; et comment entendez-vous la lui appliquer sans la troubler ?

Et quelle autre politique pourrait être la nôtre, si ce n'est celle qui a sauvé la France, lorsqu'elle dut recourir à l'extrémité d'une révolution nouvelle pour préserver de l'abîme tout ce que les révolutions passées lui avaient conquis ?

Quelle autre politique si ce n'est celle qui a contenu l'Europe au dehors et triomphé des partis extrêmes au dedans, qui n'attendait que le moment d'une complète victoire pour se montrer progressive sans être révolutionnaire, oublieuse et conciliante sans paraître faible ; qui dans les situations les plus difficiles, en tous cas, serait toujours d'autant plus sévère aux ennemis opiniâtres de la monarchie qu'elle défend, qu'elle serait plus franchement et plus énergiquement dévouée aux hommes et aux intérêts qui ont fondé cette monarchie ?

Quelle autre politique si ce n'est celle dont la tâche immuable et incessante serait de fortifier de jour en jour davantage le concours et le dévouement des véritables amis de la révolution de juillet et de tous les Français se ralliant à elle, en même temps qu'elle serait à tout jamais le désespoir des partis hostiles qui par leur morgue ou leurs menaces, leur insolence ou leurs demi-concessions, croiraient pouvoir se flatter encore d'un succès auprès d'elle, auprès de notre révolution, succès qu'on ne saurait devoir qu'à l'adoption publique de son principe, de ses institutions et de ses lois ?

Et qui sait mieux que nous que c'est par le triomphe complet de l'établissement monarchique de notre révolution de juillet, par son succès organisé, par le triomphe de sa modération et de sa sagesse, par le spectacle de sa victoire et de son immense avenir, que c'est en publiant ainsi ses sympathies et ses répugnances, en déployant au grand jour l'ordre et la puissance de sa marche et de ses progrès, qu'elle rendra plus manifeste à tous les regards la seule propagande dont elle veuille faire usage, et qu'elle dira hautement combien elle déteste et condamne les perturbations, la violence, les tentatives révolutionnaires à l'aide desquelles on s'efforcerait, n'importe où, de substituer les intérêts d'un parti, d'une minorité, d'une sédition, aux intérêts ou aux convictions des masses ?

Vous le voyez, Messieurs, c'est en exposant simplement et rapidement la politique de la France, telle que nous la comprenons, que nous l'avons toujours comprise, que vous voyez grandir précisément cet appui moral que nous entendons, que nous voulons prêter à tous les peuples qui marchent dans les mêmes voies, et que nous devons, que nous avons plus particulièrement promis à l'Espagne, tout en le circonscrivant néanmoins dans les limites que notre théorie et les intérêts matériels de la France nous semblent invinciblement prescrire.

De deux choses l'une, en effet : ou les institutions constitutionnelles en Espagne sont dans l'intérêt bien compris et dans les vœux de la nation, ou elle ne les comprend ni ne les désire.

Dans le premier cas, qui voudrait soutenir que l'appui moral de la France et de l'Angleterre, alors surtout qu'il a été compris et appliqué comme le manifestent les actes passés et actuels de la politique de ces deux nations, ne pourrait suffire ? Dans le second, qui oserait soutenir que la France et l'Angleterre doivent faire violence à l'Espagne, et lui imposer en conséquence, par tous les moyens en leur pouvoir, un gouvernement dont elle ne voudrait pas ? Comprendrait-on le *vice versa* d'une telle doctrine ?

Or, ce n'est pas ici un de ces dilemmes comme celui qui nous a été posé, auxquels on peut se dispenser ou non de répondre, parce qu'ils ne touchent pas au fond de la question ; celui-ci ressort de la question elle-même, il pose la question tout entière, c'est la question du débat, c'est la seule que vous ayez véritablement à résoudre.

Un peuple voisin , dont nous admettons avec vous toute l'importance géographique et politique pour la France , sans nous l'exagérer cependant, semble vouloir naître pour la troisième fois à la vie des hommes libres. Trois fois il s'est trompé en trente ans. La première, malgré que l'Angleterre lui eût livré son sang et ses trésors, malgré que l'Europe entière l'eût accidentellement soutenu et encouragé , malgré que le drapeau de son indépendance et de ses libertés eût triomphé de Napoléon lui-même , malgré qu'en se retirant Napoléon lui ait rendu son roi et en ait exigé, en le lui rendant, qu'il reconnût la constitution conquise ; la seconde fois , quand ce même peuple n'a pu ni maintenir le gouvernement des cortès contre une intervention funeste de la France, ni défendre les capitulations et l'ordonnance d'Andujar avec l'appui des Français ; la troisième fois , quand Riego et Quiroga succombèrent dans une nouvelle tentative.

Et pourtant , qui pourrait se refuser à reconnaître que ce peuple, si lent en toute chose à réformer ses vieilles convictions, et si profondément imbu, dans les siècles qui ont précédé, de l'esprit de féodalité, de catholicisme et de royauté , n'en est pas moins fort avancé dans son travail d'émancipation ; que les familles les plus intéressées à la conservation des intérêts féodaux ont été les premières à s'engager dans les voies du progrès ; que le catholicisme y a compromis et perdu une grande partie de son autorité, par les abus scandaleux qu'en ont fait le haut clergé et les moines; que la royauté absolue s'y est déconsidérée et y a perdu presque tout son prestige par les fautes accumulées et les défaites successives de ses derniers représentans, Charles IV, Ferdinand VII, Don Carlos?

Et cependant aucune de ces puissances n'est entièrement tombée.

La féodalité existe de fait.

Quelques prêtres et les moines n'ont entraîné dans leurs dégradations ni la religion, ni l'autel, ni surtout le culte des saints et des reliques.

La royauté absolue a encore son armée, ses ministres, son gouvernement.

Eh bien! Messieurs, sachez-le bien, intervenir en ce moment, montrer à l'Espagne un drapeau étranger, le drapeau ennemi de la constitution de 1812 sous la guerre de l'indépendance, comme sous les cortès de 1823, c'est retremper dans le patriotisme espagnol l'épée de la royauté absolue et de l'autorité monacale.

Qui vous dira l'effet d'un appel au peuple sur tous les points de l'Espagne, au peuple des campagnes surtout, qui n'a pas encore bougé, qui attend patiemment l'issue de ce travail intérieur qu'il ne se sent plus le courage de combattre, qu'il respecte même, qu'il respectera tant qu'il n'y verra couler que le sang espagnol, tant qu'il n'y verra arborer que les vieilles couleurs réunies de Castille et d'Aragon, mais dont il se défiera sans doute quand des

baïonnettes étrangères, quand des couleurs étrangères lui apparaîtront dans la mêlée ; les baïonnettes des Gavachos, le drapeau des Gavachos !
ces baïonnettes, ce drapeau que trois générations
d'hommes, et toutes les trois vivantes, ont com-
battu, et pour lesquelles elles ont sucé la haine
avec la vie.

Engagez donc les destinées de la révolution de
juillet, les destinées de la France aux destinées de
l'Espagne, ainsi abordée, ainsi traitée, ainsi trou-
blée, bouleversée par une troisième intervention
française ! Messieurs, ce ne serait pas seulement
une faute (je renverse ici un mot fameux) : ce serait un crime, ce serait un crime de lèse-liberté.

Oui, ce travail laborieux qui s'opère, votre intervention, votre violence, car il n'est plus possible
de déguiser l'instrument, votre intervention, en
supposant qu'elle réussisse, n'en ferait plus, comme
je l'ai dit, qu'un avortement moral. Vous n'en ob-
tiendriez qu'un effet, un résultat imparfait, une
existence de gouvernement maladive, rachitique.
Vous n'auriez pas tué pour cela le carlisme, détruit
les reliques, renversé les saints ; ils vivraient au
milieu de vous, ils se relèveraient sur vos derrières,
sur vos flancs ; ils auraient pour eux l'appui moral
de tous les gouvernemens absolus. La charte dont
vous auriez favorisé l'établissement, la reine dont
vous auriez aidé le pouvoir, les libertés que vous
auriez protégées, ce seraient la charte de l'étranger,
la reine de l'étranger, les libertés de l'étranger.

Je ne pense pas qu'on puisse faire le même reproche à la charte, à la reine, aux libertés qui prendraient vie et force au sein de l'Espagne, seulement aidée de l'appui moral de la France et de l'Angleterre, seulement secourue par les moyens indirects que l'Angleterre a employés jusqu'ici, et que la France est disposée à employer encore en ce moment.

Autant ces moyens sont puissans à mes yeux, autant ils doivent suffire à un peuple qui possède véritablement tous les élémens de son émancipation politique, de sa vie constitutionnelle, autant ils me paraissent faibles, insuffisans, puériles, pour donner à l'Espagne une charte, une reine, des libertés que le pays lui-même ne serait pas disposé à accueillir, à élever, à défendre, si on l'abandonne à ses propres efforts.

Et qui ne voit, en effet, que ce même appui moral, si efficace, si puissant dans le premier cas, ne saurait suffire dans le second; et que par la même raison qu'il est légitime, loyal dans le premier, il serait, dans le second, absurde, criminel peut-être?

Sachons élever notre pensée, Messieurs, à toute la hauteur, et étendre nos regards à toute la portée de la révolution de juillet; elle a mis le sceau à une ère nouvelle; elle réclame, elle comporte surtout une politique nouvelle.

Cette politique, si bien comprise, si fermement soutenue depuis six ans par notre royauté nationale, qui n'est pour nous que le gouvernement monarchique et constitutionnel de juillet; cette politique est celle de la paix ; elle se fonde sur la satisfaction, sur l'honneur, sur l'ordre social, sur le complément, sur la force, sur l'organisation de la nationalité française, telle que la charte de 1830 l'a entendue et consacrée aux acclamations presque unanimes du pays.

L'appui moral de la France dans une telle situation, l'appui moral de la France avec sa royauté élue, ses partis comprimés ; toutes les exagérations jugées et condamnées ; sa liberté, fondée sur l'ordre et sur le respect de tous les droits consacrés, du droit de la propriété surtout, si bien compris et si bien défendu désormais par vingt-quatre millions de Français qui en jouissent ; l'appui moral de la France, quand elle sait comprendre et vouloir tout le développement possible du principe sur lequel elle a fondé son gouvernement et qu'elle a su résister à son exagération ; l'appui moral de la France, quand deux millions d'électeurs et deux millions de gardes nationaux sont toujours prêts, au besoin, à concourir, chacun dans sa sphère, au soutien, à la grandeur et à la défense de son édifice gouvernemental, de ses institutions, de sa royauté, de sa dynastie nationale ! Mais cet appui, Messieurs, il est immense ; il suffirait à lui seul peut-être pour susciter au loin des mouvemens provocateurs, des essais intempestifs parmi les peuples les moins préparés à nous suivre ; mais assurément il est plus que suffisant pour aider à la délivrance définitive d'un pays dont la royauté absolue a déjà été ébranlée trois fois par les seuls efforts nationaux , et qui est en possession depuis trente mois, malgré toutes les difficultés qu'il a encore à vaincre, d'un gouvernement représentatif à peu près complet.

Dans tous les cas, Messieurs, vous le voyez, ce serait méconnaître la force d'une telle situation que de vouloir lui laisser toutes les défiances , toutes les peurs, tout l'esprit de précaution, toute la diplomatie des temps antérieurs, alors surtout que le gouvernement de juillet, à la hauteur de sa mission, sait rattacher à une telle situation, et à la politique qui lui est propre, les principes économiques et l'administration intérieure dont elle réclame l'active et vivifiante protection.

C'est ici, Messieurs, qu'il dépend de nous de grandir encore l'appui moral de la France, et de contraindre l'Europe entière à le respecter et à le subir.

Une nation libre de trente-deux millions d'hommes, dont la société est entièrement délivrée de toutes les questions de castes, de préjugé, de privilége, qui sont encore à résoudre chez tous ses voisins, dont la classe moyenne est formée, et compte bien près de vingt-quatre millions d'individus directement ou indirectement intéressés à la propriété, dont les facultés industrielles et commerciales sont à un si haut degré d'activité et de perfectionnement, dont le climat, la position géographique en Europe abondent de toutes sortes d'élémens de richesses et de prospérité, dont le crédit public, dont le crédit politique ne le cède à celui d'aucune autre nation après l'Angleterre, dont les consommations sont si importantes, dont les produits sont si recherchés; cette nation, Messieurs, ne peut plus être attaquée que par des peuples, elle ne peut plus l'être par des cabinets. Cette situation doit être tellement comprise par ceux qui la gouvernent que deux millions d'hommes ne suffiraient pas à l'attaquer, parce qu'elle doit avoir toujours deux millions d'hommes pour la défendre. C'est vous dire, sans doute, quel sentiment nous avons du gouvernement de juillet; mais c'est vous dire aussi combien doit être grande la sécurité de la France, et combien est grand son appui moral quand elle l'accorde.

Messieurs, c'est bien là la politique de la France de juillet, soyez-en bien convaincus, car elle dépend d'elle-même, elle tire toute sa force morale et matérielle du peuple. Elle arrête l'Autriche en Italie, les armées russes sur le Pruth, les Prussiens sur le Rhin, le roi de Hollande sur l'Escaut; on sait, partout où il existe des gouvernemens absolus, ce dont est capable la France libre, quand un intérêt français est menacé.

Et quand on nous dirait ici que le secours que nous prêtons à l'Espagne semble se mesurer à celui qu'elle reçoit en secret de quelque part de l'Europe, je répondrais à mon tour que tel est peut-être en effet le sentiment intime du gouvernement de juillet, en ce qu'il a pu faire ou favoriser en dehors des traités; mais que cela veut dire aussi que ses secours à l'Espagne seront toujours au dessus de ceux que peut prêter l'Europe à Don Carlos, quelque loin qu'il faille aller pour cela, et qu'une telle explication est aussi un puissant appui moral.

Qu'on ne vienne donc pas nous dire qu'un prétendant sur les Pyrénées, avec trente mille Espagnols d'escorte, si l'on veut, pourrait nous émouvoir.

Que l'on comprenne enfin la situation qu'a faite la révolution de juillet à la France et à l'Europe.

Que l'on comprenne du moins ce que les idées, la presse, les tribunes, le crédit, l'artillerie, et la tendance générale des peuples à s'entendre, à se rapprocher, à se mêler entre eux, et l'espèce d'entraînement avec lequel ils courent les uns vers les autres, pour ainsi dire, par de nouvelles routes, par les canaux, par les chemins de fer, ont introduit de nouvelles garanties et de nouveaux élémens dans la politique des cabinets.

Quant à la puissance que l'administration peut donner à la France et à son appui moral, par conséquent, on ne doute pas sans doute que nous la comprenons aussi.

La majorité avec laquelle la politique du gouvernement du roi a marché jusqu'ici, et avec laquelle nous voulons marcher encore et toujours, a elle-même donné déjà de nombreux témoignages de l'intelligence qu'elle en a. Tous les projets de loi présentés au commencement de cette session, et que nous adoptons comme nôtres, en sont de nouvelles preuves; mais peut-être sera-t-il grandement utile à la chambre elle-même que nous lui fassions connaître toute la force et toute la portée de nos convictions à cet égard.

L'administration est le besoin du pays.

Ce n'est pas de l'indifférence pour ses institutions, pour ses droits, que le peuple annonce en ne montrant pas, dans les assemblées publiques, l'énergie et l'affluence des hommes qui exercent des droits politiques; c'est de la sécurité.

Cette prétendue indifférence est le produit simultané d'une conviction profonde des nécessités imposées au gouvernement né de la révolution de juillet, et d'une extrême activité dans l'emploi des facultés de chacun au profit du bien-être individuel. Chacun semble dire : C'est au gouvernement qui vient de nous et qui ne peut exister que pour nous, à faire les affaires du pays. *Faisons les nôtres.*

Mais ne pensez pas, Messieurs, que nous nous méprenions sur le véritable sens de ces paroles; car nous comprenons surtout celle-ci : *c'est au gouvernement à faire les affaires du pays.* Nous savons qu'en les négligeant, qu'en les oubliant, qu'en ne mettant pas surtout au premier rang de ces affaires celles que le pays entend y placer, au moment où il semble tenir ce langage, nous nous exposerions à un réveil plus ou moins prochain, plus ou moins terrible. Nous ferons donc les affaires du pays dans l'ordre où il entend qu'elles soient faites, et nous tendrons avec lui, en conséquence, à abandonner de plus en plus le terrain de la politique où il suppose avec raison que toutes les questions vitales sont résolues, pour nous attacher à son administration proprement dite et en faire naître tous les progrès, toutes les améliorations, tous les bienfaits pour lesquels le pays lui-même, appelé par nos lois à nous y aider dans les conseils municipaux, les conseils d'arrondissement, les conseils généraux, est si disposé à nous prêter son concours. Si nous adoptons la résistance en politique, nous voulons être du mouvement en administration.

Nous comprenons l'administration du gouvernement de juillet, nous en avons mesuré la puissance ; nous savons ce qu'elle peut ajouter d'élémens de force et de prospérité à ceux que possède la France, et à quel degré d'élévation et d'influence par conséquent elle peut porter son appui moral. Nous savons aussi que c'est par le choix des hommes que l'administration se fait sentir au pays, et qu'elle déploie tous ses moyens d'action et de progrès ; et voilà pourquoi nous voulons en avoir exclusivement l'initiative, comme nous en avons la responsabilité.

Nous savons aussi ce qu'il y a à faire pour que le personnel de l'administration réponde à la tâche immense que nous avons à lui imposer, et pour que l'influence à laquelle il a droit de prétendre lui soit rendue, car c'est au sein des conseils généraux élus, expression permanente des vœux et des besoins du pays sous les rapports administratifs, et autorité morale, secours dont les administrateurs apprécient comme nous l'importance et la haute valeur, qu'ils doivent désormais puiser une grande partie de leur force et en augmentant d'autant celle du gouvernement.

La navigation des fleuves et rivières, les canaux, les chemins de fer, l'exploitation de nos richesses souterraines absorberont essentiellement nos pensées, notre temps et, si vous y consentez, toutes les ressources que l'économie, le crédit et l'excédant des recettes peuvent mettre à notre disposition sans nuire à aucune autre branche du service public. Vous savez quel appui, quel secours nous pouvons attendre, sous ce rapport, de l'expérience et du savoir de notre corps puissant et si distingué des ponts et chaussées.

Pour nos communications secondaires, vous savez ce qu'a déjà fait une loi qui a pris naissance dans cette chambre. Tous les départemens l'ont comprise et sont plus ou moins disposés à s'en servir; plusieurs d'entre eux nous offrent déjà l'assurance en expérience faite, en faits accomplis, qu'il y a dans la loi et dans les ressources qu'elle a créées de quoi sillonner la France de quarante mille lieues de chaussées vicinales en dix ou douze ans.

Comprenez-vous, Messieurs, ce que peut devenir la France partant d'une telle situation, s'engageant dans de telles voies, et y avançant d'une telle vitesse?

Dites-nous donc maintenant si notre politique est la politique carliste, vous qui nous lancez en fuyant, comme les Parthes, ce trait empoisonné.

Dites-nous si la politique carliste est celle qui comprend la révolution de juillet comme nous l'avons comprise, qui s'emploie durant six ans à en conjurer tous les dangers ; mais qui a su en mesurer et en ménager toutes la force, et qui vous dit aujourd'hui comment elle a entendu en faire sortir l'ordre, le respect des lois, la morale, le sentiment religieux lui-même, et en comprendre néanmoins toute la portée et tout l'avenir.

Dites-nous si la politique carliste est celle qui marche en avant et la tête haute, avec les vingt-quatre millions de Français de la classe moyenne et toutes les existences intelligentes du pays; ou si la politique véritablement carliste ne serait pas celle qui est intervenue en Espagne comme Louis XIV, comme Napoléon, comme Louis XVIII.

Monsieur Thiers, vous nous enseignez vous-même que le moment est venu de tout dire, car la chambre et le pays doivent enfin être tirés d'erreur et savoir à qui se rallier et se confier une fois pour toutes. Nous le disons aussi, mais avec le respect des convictions, du caractère, du talent que nous reconnaissons hautement à notre adversaire : la faculté de décrire et de juger sciemment le passé, celle même d'y puiser de hautes considérations pour la politique du présent, est une faculté rare et d'une haute valeur; mais c'est essentiellement la faculté de l'historien; celle de juger le présent et de pénétrer d'un coup d'œil par le présent dans l'avenir, est essentiellement la faculté de l'homme d'état. Les deux facultés réunies constituent l'homme d'état supérieur.

Malheureusement nous pouvons déjà dire un

peu de votre politique ce que vous disiez avec tant d'énergie naguère de la politique de l'opposition : elle est vieille, même un peu rétrograde.

En politique comme en économie politique, vous vous êtes arrêté à l'empire, peut-être, même à la convention.

En un mot, vous en êtes resté aux gouvernemens de minorité ; nous sommes entré dans celui des majorités.

Vous en êtes à la politique des rois et des pouvoirs absolus ou despotiques ; nous en sommes à celle de la royauté élue et de la monarchie représentative, dans un pays où la classe moyenne est formée, où elle se complète tous les jours, où elle compte vingt-cinq millions d'ames sur une population de trente-deux millions ; dans un pays où, comme nous vous le prouverons plus tard, on peut réduire l'armée effective à cent cinquante mille hommes, et porter une armée de réserve exercée, exercée, entendez-vous bien ? à trois cent cinquante mille hommes, volontairement et alternativement employés aux travaux publics de leurs départemens respectifs, une armée sans remplaçans, avec son cadre de cinq cent mille hommes toujours complet, et ses trois cent cinquante mille hommes de réserve, sans solde, vivant de leur travail, et travaillant au bien-être de leur famille, à la prospérité de leur pays natal.

Et nous ne redoutons pas, comme votre vieille politique, que le jour où la France serait menacée sérieusement par l'Europe, où sa sagesse, sa renon-

ciation à tout esprit de conquête et de propagande
armée, où toutes ses forces, concentrées sur elle-
même et pacifiquement employées à sa grandeur
et à sa prospérité intérieure et commerciale, seraient véritablement méconnues et outragées, ce
qui nous semble vraiment impossible, un long cri
de trahison pût retentir des Pyrénées jusqu'au
Rhin, et qu'un appel à toute son énergie pût se
produire sans nous, malgré nous, contre nous peut-
être ; car ce ne seraient plus les masses de 89, les
prolétaires de la convention, les phalanges entraî-
nées et passionnées de Napoléon que nous aurions
autour de nous et devant nous ; ce serait l'armée
de la royauté de juillet, ce serait la garde nationale
du gouvernement de juillet ; ce serait cette garde
nationale de Paris, si belle, si sage, si énergique,
si puissante, avec laquelle se serait identifiée ce
jour-là la garde nationale entière de la France ; ce
serait la classe moyenne, debout, en un mot, avec
ses intérêts, son ordre public, ses opinions, ses
droits, ses institutions, ses lois, son roi.

Eh bien ! Messieurs, c'est en de telles voies que
nous supplions la chambre, expression toujours
si vraie, si énergique, des besoins du pays, quand
le gouvernement lui-même ne se prête pas étour-
diment à l'en distraire et à la laisser, en conséquence, se répandre, s'éparpiller sur le champ sans
limite des questions de personnes et des ambitions
de partis, que nous la supplions de donner à notre
appui moral en Espagne toute la force, tout l'as-
cendant que nous voulons réellement lui donner.

Nous emploierons à une telle œuvre les hommes de juillet les plus capables et les plus intègres, et tous les hommes capables et intègres qui, de tous les côtés, voudraient se faire avec nous hommes de juillet; mais pas d'autres, nous le déclarons, nous fussent-ils présentés par les députés eux-mêmes.

L'administration doit être et veut être indépendante, par cela même qu'elle est et qu'elle veut être responsable, par cela même aussi qu'elle entend satisfaire à ce qu'on attend d'elle, et remplir sa tâche dans toute son étendue.

La chambre doit exercer sa part du pouvoir souverain, du pouvoir irresponsable, dans toute sa force, dans toute sa dignité, et ne peut accuser et mettre en jugement l'administration, par conséquent, dont elle aurait influencé les actes ou imposé les hommes.

Le droit, la justice, la vérité. On ne se soumet et on ne se grandit que par eux, dans un gouvernement de publicité. Si on y est, il faut y rester; si on en est dehors, il faut y rentrer.

C'est par là, nous le répétons, qu'avec le concours des chambres et la confiance du roi, nous entendons coopérer à la grandeur de la France, et donner en conséquence à son appui moral toute la valeur, toute la puissance que nos amis doivent lui désirer et que nos ennemis doivent craindre.

Vous le voyez, Messieurs, ce n'est pas en engageant en Espagne le sang et les trésors de la France que nous entendons accroître l'appui que nous lui avons prêté et que nous lui prêtons encore; et vous saurez maintenant comment nous entendons l'aider dans son laborieux enfantement.

C'est ainsi seulement qu'il en peut sortir, comme je l'ai dit et démontré, une existence gouvernementale vivante et vivace; c'est ainsi que nous pouvons, que nous devons obtenir un jour, en Espagne, un allié qui nous sera bon à quelque chose, au lieu d'un allié qui nous serait à charge. C'est ainsi d'ailleurs que vous empêcherez réellement Don Carlos d'aller à Madrid, ou que vous l'y frapperez de paralysie et d'impuissance dès qu'il y sera arrivé.

J'appuie le projet d'adresse.

www.ingramcontent.com/pod-product-compliance
Lightning Source LLC
Chambersburg PA
CBHW061338060726
47596CB00003B/1318